189e 1864 (12 Avril)

(189)

CATALOGUE D'ESTAMPES

Anciennes & Modernes

LIVRES A FIGURES

PORTRAITS

École du XVIIIe siècle et couleur

DESSINS ANCIENS

Collection de M. T....., de Bordeaux

DONT LA VENTE AURA LIEU

HOTEL DES COMMISSAIRES-PRISEURS

Rue Drouot, n° 5

SALLE N° 6, AU 1er

Le Mardi 12 Avril 1864

A UNE HEURE PRÉCISE

Me **DELBERGUE-CORMONT**, Commissaire-Priseur,
rue de Provence, 8,

Assisté de M. **VIGNÈRES**, Marchand d'Estampes,
rue de la Monnaie, 10, à l'entresol, entrée rue Baillet, 1,

Chez lequel se distribue le présent Catalogue.

PARIS — 1864

AF728235

189e

21 ½ %

payé	Lauset 4 rue des treilles a Bordeaux	1225.50.	263 $^{75}_{60}$	960.65
payé	Loiseler	438.50.	94 $^{50}_{40}$	342 60
	[illegible]	32	6 90	25 10
payé	Lecuier	16 75	3 $^{50}_{65}$	12 60
payé reçu an 192	Rivorin	13	2 80	10 20
	Lalature	4.	1	3
payé	Moureau reçu an 192	3 .	65	2 35

(189)

CATALOGUE

D'ESTAMPES

Anciennes & Modernes

LIVRES A FIGURES

PORTRAITS

École du XVIIIe siècle et couleur

DESSINS ANCIENS

Collection de M. T....., de Bordeaux

DONT LA VENTE AURA LIEU

HOTEL DES COMMISSAIRES-PRISEURS

Rue Drouot, n° 5

SALLE N° 6, AU 1er

Le Mardi 12 Avril 1864

A UNE HEURE PRÉCISE

Me **DELBERGUE-CORMONT**, Commissaire-Priseur,
rue de Provence, 8,

Assisté de **M. VIGNÈRES**, Marchand d'Estampes,
rue de la Monnaie, 13, à l'entresol, entrée rue Baillet, 1,

Chez lequel se distribue le présent Catalogue.

PARIS — 1864

D05412

CONDITIONS DE LA VENTE

Elle sera faite au comptant.

Les acquéreurs paieront CINQ POUR CENT en sus des adjudications.

L'ordre du catalogue sera suivi.

Tous les lots ne formant pas suite complète pourront être divisés.

Les attributions de l'amateur ont été conservés pour les dessins.

M. VIGNÈRES, dirigeant la Vente, se charge des Commissions.

NOTA. Toute commission sans prix fixé ou sans limite déterminée sera regardée comme nulle.

M. VIGNÈRES se charge de faire marquer les prix aux Catalogues des ventes qu'il a faites. Les personnes qui le désirent peuvent s'adresser à lui *franco*.

AVIS. — Nous prions MM. les Amateurs éloignés de ne pas attendre au dernier jour, pour que les lettres arrivent le matin de la vente ; ils comprendront que quelques lettres peuvent se lire, mais de 20 à 50 lettres, c'est difficile.

Menotti 5

DÉSIGNATION

ESTAMPES ANCIENNES & MODERNES

1 **Ardell**, d'ap. Van-Dyck. Le Temps coupant les ailes de l'Amour.

2 **Bellange**. Décollation de saint Jean-Baptiste. R. D. 14. — Diane et Orion. 36. — La Femme près du trophée. 37. 3 p.

3 **Bertonnier**. Sainte Famille, d'ap. Raphaël.

4 **Blanchard** (d'ap.). Charitas. — Mariage de sainte Catherine. 2 p. très-belles.

5 **Bonasone**. Noë sortant de l'arche. B. 4.
— Clélie passant le Tibre. B. 83.
— Bataille de Constantin contre Maxence. 84.
— Jugement de Pâris. B. 112.

6 **Bosse** (Ab.). Le Bal noble. Jolie pièce pour les costumes.

7 **Bosse**. Le Graveur en taille douce. — L'Imprimeur. 2 p.

8 **Bourdon** (d'ap.). Les sept Œuvres de miséricorde.

9 **Bourgeois** (d'ap.). Vues de Naples, Rome, Tivoli, 60 p.

10 **Brebiette**. Les Saisons, les Vertus et les Vices, Sainte Famille, d'ap. And. del Sarte. Bacchanales, etc. 20 p.

11 **Callot**. Claude Deruet en pied.

12 — Les grandes Misères de la guerre. 18 p.

13 — Les petites Misères, les Bohémiens, le Bénédicité, l'Enfant prodigue, Passage de la mer rouge, etc. 46 p.

14 **Claessens**. 15 pièces, d'ap. F. Bol. Rembrandt, J. Steen, Van-Dyck et autres. Sup. ép. avant la lettre, sur chine.

15 **Dassonville**. Scène de famille. — Les Cuisinières de Duvivier. 2 p.

16 **Edelinck**. La Madeleine de Lebrun. — Les trois Cavaliers, d'ap. L de Vinci. — Les Bains d'Apollon. 3 p.

17 **Ferdinand**. Sujets d'enfants, d'ap. Testelin et autres, etc. 8 p.

18 **Guerin** (P.). Apollon appuyé sur un tombeau. Eau-forte. Rare.

19 **La Belle** Les Cinq morts et autres. 8 p.

20 **Lebrun** (d'ap.). La Tente de Darius, par Edelinck. — Massacre des Innocents, par Loir. 2 très-grandes p.

21 **Ledieu** (d'ap.). Chasses et nature morte. 3 p.

22 **Lesueur** (d'ap.). Martyre de saint Gervais et saint Protais. Très-grande p.

23 **Maître anonyme italien**. La Vierge et Jésus apparaissant à un cavalier. Très-rare. Belle ép.

24 **Marc-Antoine**. Sainte Famille, Vierge à la longue cuisse, la petite Peste, Alexandre faisant serrer les livres d'Homère, Martyre de sainte Félicité, Jugement de Pâris, Massacre des Innocents, Galathée, les Cinq saints et autres. 14 p.

[illegible] 20 Varlot 17
Varlot 20

R. 50

R. [illegible]

Quenaisell 18[illegible]

25 **Masson**. Les Disciples à Emmaüs (dite la Nappe). Ép. avec marge.

26 **Mellan**. Vierges et sujets religieux, etc. 30 p.

27 **Meulen** (V. der). Le roi à la chasse avec les dames et autres. 3 p.

28 **Mignard** (d'ap.). La Peste d'Eaque. Sup. ép. avec la Junon.

29 **Morghen** (Philippe). Groupes d'enfants, Nymphes et Centaures, arabesques tirés de Pompéia. 50 p. sur 45 feuilles.

30 **Murillo** (d'ap.). Sainte Madeleine, Vierge et Jésus et autres pièces de la galerie Aguado.

31 Ornements, panneaux de Tempesta, etc. 12 p.

32 **Oudry**. Chevreuil et renard pris par des chiens. 2 p. très-belles.

33 **Pallière**. Le Tonnelier. — L'Ecrivain public. 2 p., d'ap. Boissieu.

34 **Poussin** (d'ap.). Pyrrhus sauvé, en 2 feuilles.
— Moïse exposé sur les eaux, en 2 feuilles.
— Le Triomphe de Flore, par Fessard.
— La Vierge entourée d'anges.
— Esther et Assuérus, de Poilly.
— Mort de Saphire, de Pesne.
— Moïse frappant le rocher.
— Baptême de Jésus. — Les Trois croix.
— Pierre et Jean guérissant à la porte du Temple.
— Sacrements de Pesne. 5 p. chaque en 2 feuilles.
— Les Paysages, par Baudot. 8 p.
— Frappement du rocher, par B. Audran.
— Vénus armant Enée, par Loir.
— Le Temps enlevant la Vérité, par Folo.

35 **Raphaël** (d'ap.). Saint Paul et Barnabé à Lystre. — Les Clefs de saint Pierre. 2 p., par Dorigny. — Le Portement de croix, par Larmesin. 3 p. Grand in-fol.

36 **Rembrandt**. Abraham recevant les trois anges.
— Triomphe de Mardochée, avec marge.
— Grande chasse au lion. B. 114.
— Jeune homme réfléchissant. Belle ép.
— Jeune homme à mi-corps. Claussin. 306.

37 — Rembrandt dessinant, Asselyn, Faustus, Ab. France, Lutma, Utenbogard, Annonciation aux bergers, et la copie du Paysage aux trois arbres. Très-belle ép. 8 p.

38 — Portrait de Rembrandt au bonnet rond et fourré, avec sa femme, avec la toque ornée d'une plume, Clément de Jonghe et autres. 12 p.

39 — Portraits de Rembrandt, d'hommes, de femmes divers, gueux, mendiants et autres. 40 p.

40 — Ancien et Nouveau Testament. Résurrection de Lazare, Mort de la Vierge, Descente de croix, etc. 32 p.

41 — Sujets divers, originaux et copies et autres, gravés d'ap. le Maître. 76 p.

42 **Rodermont**. Portrait de Jean second.

43 **Rogel** (Hans). 1540 Christ en croix; au bas de la croix, quatre saints et saintes. Rare.

44 **Tiepolo**. La Fuite en Egypte. 13 p.

45 **Vico** (Ene.). L'Enlèvement. Belle ép. — Les Muses et les Piérides, par Caraglio. 2 p.

Distillerie 12

Hennotte 4.

Consel 12.

Distillerie 9

T 46 **Vien** (J.-M.). 5 planches de cuivre gravées à l'eau-forte. 19 Vig

1° Offrandes des prémices à Bacchus. Départ.

2° La Cueillette des raisins.

3° Le retour de la vendange.

4° L'Arrivée à la cuve.

5° Le Pressoir. Ces 5 pièces sont des bacchanales en forme de frises, plus 2 cuivres. Monuments d'architecture. 7 cuivres.

T 47 **Vivares**. Paysages, d'ap. Patel. 2 p. 1 50

T 48 **Vliet** (Van). La Résurrection de Lazare, de Cl. 4. Sup. ép. 10

T 49 **Woolett**, d'ap. Dusart. Buveurs à la porte d'un cabaret. Sup. ép. avant la lettre. Toute marge. — The Fishery, d'ap. Wright. 12 50

LIVRES A FIGURES & AUTRES

T 50 **Bertaux** (Duplessis). Sujets divers. 38 p. et son portrait. Album oblong. 8 Vig

JW 51 **Bolswert** (B. à). La Forest des Hermites et Hermitesses d'Egypte et de la Palestine, d'ap. Bloemaert. vol. in-4. *Anvers*, 1619; parchemin. 51 p. 15

Z 52 **Claussin** (chevalier de). Catalogue raisonné de l'Œuvre de Rembrandt et supplément. Œuvres de ses élèves. 2 vol. in-8, br. 7

Z 53 **Leblanc**. Notice de quelques copies trompeuses d'estampes anciennes (tirée à 200). Rare. 10 Vig

T 54 **Perelle**. Paysages. 18 p. Sup. ép. Toute marge. 4 Vig

55 Chronicle de Nuremberg, 1493 ; avec grand nombre de gravures en bois, de *Michel Wolgemuth* et autres. Mauvais état.

56 Les illustres modernes. 2 tom. en 1 vol. 1788. In-fol., fig., 99 portraits. Incomplet.

57 Contes de La Fontaine. 2 tom. en 1 vol, in-8 avec fig., de *Rom. de Hooge*. Amsterdam, 1685. Veau fauve, tr. dor.

58 Eloge de la Folie d'Erasme, traduit par Barrett, orné de 12 fig. dans le goût d'Eisen. Paris, Defer de Maisonneuve, 1789 ; in-12, parchemin.

59 Lucien, de la Traduction de Perrot d'Ablancourt. 2 vol. Amsterdam, P. Mortier, 1709; fig., v. fauve, fil., dor. sur tr.

60 Recueil des figures, groupes, thermes, fontaines, vases, etc., dans le château et parc de Versailles. 1 vol. Paris, Thomassin, 1694. Environ 240 p.

61 Un mois à Venise. 15 pl. lithographiées sur chine, d'ap. le comte de *Forbin* et *Dejuine*, et texte in-fol., 1825 ; d.-rel.

62 Muséum de Florence, camées, pierres gravées, par *A.-F. David*, 1802. 144 p.

PORTRAITS

63 **Alix**. Bossuet, Buffon, Condillac, Charlotte Corday, Descartes, Diderot, Fénélon, Francklin, Helvétius, La Fontaine, Lavoisier, Linnée, Mably, Mirabeau, Montaigne, Montesquieu, Raynal, Rousseau, Voltaire, Lycurgue, Solon. 22 p. ovales en couleur, grand in-4.

Verlat 10

Hamatti 5

Hamatti [illegible]

[illegible] Phelippat à 3.50
Francklin 5 — Francklin 3 50
Solon 3 Bossuet
Lafontaine
[illegible] 10 50

Hamatti 25 [illegible]
tout.

Herzog 15

Hieronymus 1

Delaage 15

Michel 11

Michel 4

Morvan 6

Hennette 2

64 **Anonyme**. Marie-Antoinette, — Louis XVI. En couleur. Au bas, scènes des adieux. 2 p. in-4.

65 **Aubert**. Louis, dauphin, nº 1729. A cheval d'ap. Lesueur. In-fol., belle ép.

66 **Baillin**. Albert d'Aremberg, d'ap. Van Dyck. A cheval.

67 **Balechou**. La Force, d'ap. Nattier. (Mme de Chateauroux) Très-belle ép., marge, in-fol.

68 **Beauvarlet**. Molière. Très-belle ép. avec la dédicace à M. le duc d'Aumont, etc., d'ap. Bourdon.

69 — Auguste III, roi de Pologne, — Marie-Joseph, reine, par Daullé. 2 portraits en pied, grand in-fol.

70 — J.-A. Nollet, académicien. In-8, très-belle ép., toute marge.

71 **Benjamin**. Portraits de divers personnages. Lithog in-4, avant la lettre. 40 p.

72 **Benoît**. Clairon, d'après la médaille In-8.

73 **Bonnart**. Le comte de Charolais, son habit formé d'étoffe de soie et brodé de métal. Rare.

74 **Bonnart**, etc. Le Dauphin, dames de qualité en divers costumes. 8 p. en pied.

75 **Chereau**. N. de Largillière, peintre. In-fol. très-belle ép.

76 — E. Renaudot, — Cl.-B Rousseau. 2 p. in-fol.

77 **Chevillet**. M. Lenoir, lieut. de police, d'ap. Greuze.

78 **Cochin** (D'ap.). Coustou, Lachalotais, Montholon et autres. 14 p.

79 **Dejabin** (Collection) 21 portraits de députés

80 **Denon**. Son portrait par lui-même, — Mme Lebrun. 2 p. in-4.

81 **Desrochers**. Henriette, Adélaïde de Savoie. In-4, belle ép.

82 **Dixon**. Le jeune Flutiste, — Garrick dans Richard III. 2 p. in-fol.

83 **Drevet**. Cardinal Dubois. In-fol., belle ép.
— J. Forest, peintre, d'ap. Largillière. In-fol.
— Marie de Laubespine, femme de Nicolas Lambert.
— Nicolas Lambert président de la Chambre des comptes.

84 **Dupin**. Voltaire couronné par Clairon, d'ap. Desrais. Belle ép., marge.

85 — Ch.-Ph., comte d'Artois, — M.-Th. de Savoie, sa femme. 2 p. in-4. Très-belles ép., marge.

86 **Dupuis**. F. Girardon, sculpteur. In-fol.

87 **Dyck** (Van). Snellinx, — Suttermans. 2 p.

88 — (D'ap.). Brauwer, — Steenwyck. 2 p. Avec Martin Van den Enden, — Wouwer, etc. 4 p.

89 — Columna, Frocas, Gustave-Adolphe, C.-E. de Savoie. 4 p.

90 **Édelinck**. Louis XIV, d'ap. Jean de La Haye. R. D. 256. Ép. avant l'adresse d'Audran.

91 — Racine, — la copie, — Feuillet, chanoine, — Soleysel. 4 p.

92 **Elluin**. Laruette et sa femme. 2 p. in-4.

93 **Faber**. Lisabeth du Parc et autres. 3 p.

94 **Ficquet**. Berghem, Bernier, Dumoulin, Le Courayeur, Ch. de Valois. 5 p. in-8.

95 — Mme la marquise de Maintenon. In-8, grande marge sur papier double.

[illegible]

[illegible]

[illegible]

[illegible]

Quernandele 1/

[illegible] 4

9	Bourgeois	Renault	4	
11	Callot Deruet		6	
12	Mirou	Herzog	20	
13		Varlet	20	50
14	Placteurs	R	13	
23	anonyme	R	13	
46	Vieu 5 planches		19	
50	Bertany	Destailleur	8	
53	Le blanc	Rouset	10	
54	Perelle	Destailleur	4	
63	Francklin	Dieudonné	4	
	Solon	Dieudonné	2	
	Bossuet Lafontaine, Linné	Philippot	4	
64	anonyme	Herzog	15	
68	Molière	Behague	12	
69	roi de Pologne	Michelot	7	50
71	Benjamin ko.		1	25
73	Bonnart Charolais	Moreau	4	50
82	Dixon	R	4	
84	Dupin Clairon	Behague	9	50
86	Dupin Girardon	Varlet	2	
101	Lenfant	Grenardelle	5	
			188	25

			188	25
106	assaut Léon	Michelos	4	
114	Sophie Western	Dubandubois	3	75
124	Walter Scott	Henrotte	2	
127	Raphael		1	25
129	Vanloo	Herpin	3	
130	Van Cleve	Lachapelle	2	
137	Île de ré	Philippot	3	
140	Baudoin	Michelos	3	
142	Mardoché	Guenardelle	14	
143	[illegible]	Dub[illegible]	1	25
145	Laparetou	Dehague	13	50
148	Circassienne	Michelos	7	
152	Careme	Michelos	3	
153	Rechalle	Michelos	12	
161	Duclos Marie Antoinette	Michelos	29	
171	Laurence	Michelos	5	
173	Mariage	Michelos	3	
177	Queverdo 2	Dehague	25	
178	Raoux	Michelos	6	50
181	C. Vernet 3.	Moreau	3	
186	Lowe	Dehague	3	
199	Ecole Allemande	R.	9	
205	18 pieces		3	25
226	~~Nicolle~~	~~Laporte~~	15	
237	3 dessins		1	
			363	75
			18	20
			381	95

Quesnelle 5.

Hamotte 9.
Hamotte 5

[illegible] 6

Hamotte 9

Hamotte 1

96 **Hedouin**. Balzac. A l'eau-forte. In-8, marge; in-fol.

97 **Houston**. Shepherdess, et son pendant. Avant la lettre, et autre. 3 p.

98 **Huret**. J. Boyceau sieur de la Baraudière. In-4.

99 **Lasne** (Michel). F. Quesnel, peintre. In-4.

100 **Lebeau**. Marie-Antoinette, — Louis XVI, par Hubert. 2 p. in-4, marge.

101 **Lenfant**. Charles Manessier, procureur à Abbeville. In-4, rare.

— De Matignon, évêque de Lisieux. In-fol.

102 **Léon**, à Vienne. Marie Th.-Charlotte de France, — Marie-J.-L. de Savoie, par Brockawt. 2 p. in-fol.

103 **Leu** (Th. de). Henri II. In-8, marge.

104 **Lombart**. Comtesses, d'ap. Van Dyck. 4 p.

105 **Masson**. Le comte d'Harcourt (dit le Cadet à la perle). R. D. 34. Belle ép.

106 **Picot**. Assaut de la chevalière d'Eon et du chevalier de Saint-Georges. Rare.

107 **Roullet**. H marquis de Beringhen. In-fol.

108 **Ryland**. La duchesse de Richmond, en pied. En couleur. In-fol.

109 **Saillard**. Héléna Forman, femme de Rubens, en pied In-fol., très-belle ép.

110 **Saint-Aubin**. Crébillon, de Belloy, Linguet, Montalembert, Necker. 5 p.

111 **Schmidt**. Mignard, peintre. In-fol.

112 **Schmuzer**. Diétricy dessinant. Beau portrait d'ap. lui-même. In-fol.

113 **Sergent**. M. Necker. In-4, en couleur.

114 **Smith**. Sophie Western, d'ap. Hopner, en couleur.

115 — Lady Mostyn, — Maynard, — et autres dames. Avant la lettre. 3 p.

116 — Anne d'Angleterre, — Georges de Danemark 2 p. in-fol., beaux.

117 **Suyderhoef**. Goltzius et autre. 2 port.

118 — Swalmius, d'ap. Rembrandt.

119 **Thomassin**. Auzanet, — Furetière. 2 p. in-fol.

120 — D'ap. Mignard. Le grand dauphin, sa femme et ses trois enfants. In-fol., collée.

121 **Tischbein** (d'ap.) Herder, — Hufeland, — Wieland, 3 p. in-fol.

122 **Vallet**. J.-J. Charron, marquis de Menars. In-fol.

123 **Vanloo** (d'ap.). Marie-Antoinette. — Louis XVI. 2 p. in-4. Toute marge. Très-belles ép.

124 **Walker**. Walter Scott. In-fol. Ep. chine, lettre grise.

125 ***Favart*** (Mad.). Rôle de Ninette et autres. 3 p.

126 ***Médicis*** (Marie de). Titre de son entrée à Amsterdam. In-fol., soutenu par des anges.

127 ***Raphaël*** assis, en pied. Copie d'une pièce. Rare.

128 ***Siam***. Audience donnée à M. de Chaumont, ambassadeur français. — Les trois ambassadeurs Siamois. 3 p.

129 ***Vanloo***, peintre, par Demarteau. Sanguine et autres. 2 p. in-fol.

130 **Sculpteurs**. Guillain. — Sarrazin. — Van-Cleve et autres. 4 p. in-fol.

Harpin 3 " 5

Kinnoth 2 " Lachapelle 3
Vaullier

Lemattre 2.

Phelippeau 4
île de Ré

Philippot 3

Michel 6
Montélimar 1[illegible]

Quenardelle 14

[illegible]

131 **Portraits** d'artistes. Jouvenet, Lafosse, Poussin, Rubens, etc. 5 p.

132 — D'artistes peintres. In-4, d'ap. les dessins de Campiglia. 200 portraits, toute marge, dans un portefeuille.

133 — Portraits de femmes en bustes, costumes d'Henri III. In-4. Rognées, 4 p.

134 — Charlotte Corday, Elisabeth, Marie Stuart, duchesse de Savoie, etc. 5 p.

135 — Divers, anciens et modernes. 34 p. 2 lots.

136 — Les illustres Français, par *Ponce*. 61 portr.

137 **Pièces historiques.** Représentation de la victoire obtenue par le roi en l'île de Ré, sur M. de Soubise. 1622. — Assemblée des notables. 1617. — Nismes avant le siége. — Mort de Manners. — 31 mai 1793. — etc. 7 p.

138 Assignats, mandat territorial en rouge, de 100 fr., 50 liv. et autres. Fort lot.

ÉCOLE DU XVIIIe SIÈCLE & EN COULEUR

139 **Ardell.** The Country maid. — Le Garçon et la toupie. 2 p.

140 **Baudouin.** Sa taille est ravissante.

141 — Le Coucher de la mariée, par Moreau et Simonet.

142 **Beauvarlet.** Le Triomphe de Mardochée. Très belle ép. avant toute lettre. A été encadrée.

143 **Binet** (d'ap.). Le Chasseur, par Duguast.

144 **Boilly** (d'ap.). Première et deuxième scène de voleurs. 2 p.

145 **Bonnet**. La Jarretière, charmante pièce gracieuse en couleur. Très-rare. Sans marge.

146 — L'Odorat et autres. Jolies femmes en couleur.

147 **Borel** (d'ap.). La Bascule en couleur.

148 — La Circassienne à l'encan. Sup. ép. Marge.

149 **Boucher**. Les Buveurs de lait. — L'Oiseau que l'Amour va mettre en cage. 2 eaux-fortes originales.

150 — La Petite reposée. Très-belle ép. Marge.

151 — (D'ap.) Groupes d'enfants, la Belle dormeuse, etc. 7 p.

152 **Careme** (d'ap.). Le Baiser napolitain. Belle ép. Marge.

153 **Challe** (d'ap.). Le Repos interrompu. — Le Souvenir agréable. 2 p. ovales équarries en travers, par Vidal.

154 **Chardin**. Le Négligé, par Lebas. 1741. Belle ép.

155 — La Pourvoyeuse, par Lépicié. Belle ép. Marge.

156 — Jeune Fille au volant. *Lépicié*, 1742. Très-belle ép.

157 **Colson**. Le Repos, par Dupuis. Belle. Marge

158 **Debucourt**. L'Enfant sur le dada. Grande et très belle p. Familière. Ep. avant la lettre, toute marge.

159 **Demarteau**. Vénus nue, et l'Amour dormant. Jolie sanguine, d'ap. Boucher. Sup. ép. Marge.

160 **Demarteau**, d'ap. Boucher, Huet. Bergeries, sujets d'amants aux trois crayons et sanguine. 6 p.

[illegible] 15 Michel 15

[illegible] Michel [illegible]

Michel 15

Michel 5

[illegible] Michel 20

Michel 32

Herzog 6

Michel 5

Michel 5

Michel 8 [illegible]

L 161 **Duclos**. Marie-Antoinette annonçant à Mme de Bellegarde des juges et la liberté de son mari. Sup. ép. avant la lettre. Marge. 29 Vig.

L 162 **Eisen**. Vierge et Jésus. — Saint Jérôme. 2 petites pièces 1 25

L 163 — (d'ap.). Les Désirs satisfaits, par Patas. 2

Mouru 164 **Fessard**. La Cage symbolique, d'ap. Lepeintre. Très-belle ép., grande marge. 3

T 165 **Fragonard** (d'ap.). Les Jets d'eau. — Les Pétards, 2 p., par Auvrai. Grande marge. 6 50

L 166 **Freudeberg** (d'ap.). La Toilette. — L'Occupation. 2 jolies p. d'intérieur et de costumes. 5 50

T 167 — Les Mœurs du temps. — Le Lever des ouvrières en modes. — Le paisible ménage, d'ap. Lallemant, 3 p. 6 50

T 168 **Gérard** (d'ap. Mlle). Le Présent. — L'Espoir du retour. 2 p. Toute marge. 1 25

L 169 **Huet** (d'ap.). Les Bergères se baignant. En couleur. 3 50

T 170 **Jeaurat** (d'ap.) et autres. Les parties du jour et autres petits sujets. 20 p. 8 [illegible]

L 171 **Lavreince** (d'ap.). Le Déjeuner. — La Leçon interrompue. 2 p. 5 Vig.

L 172 — La Soubrette confidente, par Vidal. Belle ép. 4 75

T 173 **Mariage**. Ils sont d'accord. Sup. ép. Toute marge. 3 Vig.

T 174 **Mathée** (d'ap.) Jupiter et Sémélé. Très-belle ép. avant la lettre. 1 50

L 175 **Quevrdo** (d'ap.). Le Déserteur, par Chatelain. 2

L 176 — Le Coucher et le Lever de la mariée. 2 p. 5

T 177 — La Jouissance. — Le Repos. Jolies scènes de boudoir. 2 p. 25 Vig.

Béhague 2367– 2368–

178 **Raoux** (d'ap.). Le Rendez-vous agréable. Sup. ép., toute marge, d'une charmante pièce ovale équarrie.

179 **Tanjé**. Famille du baron d'Erlack, capitaine des Cent suisses de Frédéric Ier. Avant et avec la lettre. 2 p.

180 **Troost** (d'ap.). La fausse vertu. — La fausse vertu découverte. — Le Peintre. — L'Abus de confiance, etc. 6 p. Sup. ép. avant toute lettre. Toute marge.

181 **Vernet** (d'ap. Carle). Course du grand prix et autres. 3 p.

182 **Vernet** (d'ap. J.). Ports de Bayonne, Bordeaux, Marseille, Lisbonne, Strasbourg et autres. 7 p.

183 — La Tempête, le Calme. 2 p., par Balechou et autres. 5 p.

184 **Watteau** (d'ap.). Le Contrat et la Mariée de village. 2 grandes pièces rognées et collées.

185 — Ses habits sont italien. Copie de la pièce capitale du maître.

186 **White** (Ch.). Lowe, jolie dame en buste. Belle ép.

187 **Wille** fils (D'ap.). L'Essai du corset. — Jeune fille, fac-simile. 2 p.

188 **Wille**. Les Fumeurs, d'ap. Ostade. Superbe ép. avant toute lettre.

189 — L'instruction paternelle. Rare ép. avant toute lettre.

190 — Abraham recevant Agar. Très-belle ép. avant toute lettre.

191 — La Cuisinière. — La Gazetière hollandaise. 2 p.

Quarantelle 6 Michel 11

[illegible] 8

[illegible]

[illegible] 2 30 Michel 12

Michel 25

192 — Le Philosophe du temps passé. — La mort de Marc-Antoine. — Les soins et les délices maternels. — Le maréchal des logis. 5 p.

193 **Pièces en couleur**. Gracieuses têtes de femmes à la sanguine, et autres sujets, Cipriani, etc. 20 p.

194 — Sanguine, par Demarteau, d'après Boucher, têtes, Vénus et autres. 28 p.

195 — Les Bacchantes ivres, pastorales et autres pièces sanguines. 12 p.

196 Vues de Suisse, la plupart en couleur. 39 p.

197 Caricatures, costumes anglais, le bon Genre. 15 p. coloriées.

198 Estampes modernes, un Brave, d'ap. Charlet, Achille et Déjanire, de Bervic, etc. 10 p.

199 **École allemande**. Aldegraver, Durer, de Bry, Bois et autres.

200 **École française**. Lahire et autres, d'ap. Poussin et autres. 16 p.

201 — Sujets gracieux et autres. 40 p.

202 **École flamande**. Berghem, Rubens, etc. 33 p.

203 **École italienne**. Le Christ mort, de Rosaspina, avant la lettre, Création d'Eve, d'ap. Michel-Ange, la Théologie de Morghen et autres, d'ap. Raphaël, fac-simile et autres. 28 p.

204 Vues anglaises, vignettes, etc. 40 p.

205 **Ecoles diverses**. Ozanne, Bertaux, vues, plan, topographie. Environ 67 p.

206 **Lithographies**. Vues de l'île Maurice, Gavarni, artistes contemporains, etc. 40 p.

DESSINS

207 **Anonyme**. Eventails, Volcans en éruption, sur papier, pastorales, Agar renvoyée, etc., sur peau de chevreau. 5 p.

208 — Marie-Antoinette en grand costume en pied, à la plume et aquarelle.

209 — Louis XVI, en buste, en trait de plume, par Marie-Jeanne Bernard, relevé de couleur.

210 BERGERET. Homère chez le berger Glaucus, plume et bistre rehaussé de blanc.

211 BOUCHER. Sujet du paganisme à la plume, largement lavé de bistre. — Enfant et son mouton, aux trois crayons. — Sujet de ferme, à l'encre, d'après. 3 p.

212 BOURGEOIS (J.). Paysage. Belle aquarelle.

213 CIGNAROLI, *inv. pinx. et del.* 1773. Mort de Caton, grand et beau dessin très-terminé à la sanguine et crayon noir, huit figures, signé deux fois.

214 FRAGONARD. La Culbute. Charmant dessin, très-spirituellement lavé au buste.

215 — Deux sujets faisant pendant, tirés de quelque roman. Deux croquis habilement lavés de bistre.

216 GAMELIN (J.). Bataille, carnage. — Vaincus implorant le vainqueur. Deux très-grands dessins à la pierre bleue, rehaussés de blanc, *signés* 1778.

Gonesse 63

La porte 15
[illegible] Lachaise 21
[illegible] juillet

217 GREUZE (D'ap.). Jeune fille couronnant deux colombes sur un autel, mine de plomb lavée de couleur.

218 HALLÉ. Jupiter et Calisto. — Apollon et une Muse. — Apollon et Daphné. — Andromède. 4 dessins plume, lavés d'encre pour trumeaux.

219 HUET (D'ap.). Pastorales. Deux jolies aquarelles, par *Rosalie Lebrun*.

220 LARUE. Sacrifice, à la plume lavé.

221 LEBRUN. La Famille de Darius, le Nœud gordien, et autres. 4 p. crayon, lavé à l'encre.

222 LETHIERE. Saint Paul à Éphèse, grand et beau dessin à la plume, lavé et rehaussé de blanc.

223 LOIR. Vénus et Adonis. Aquarelle.

224 LUYKEN. Très-petits sujets, vie d'un saint. 9 p.

225 MADOU. Rébus, plume et mine de plomb.

226 NICOLLE. Vue de Rome. Jolie aquarelle, ronde.

227 POUSSIN (D'ap. N.). Les sept sacrements à la sanguine. Sept dessins qui ont servi à la gravure, probablement de *B. Audran*.

228 SPADA (Léonelo). Intérieur d'église. Beau dessin à la plume, par divers autres, plafond et architecture. 5 p.

229 VERNET (HORACE). 4. Costumes de modes de dames, de 1815 à 1817. Aquarelles avec les gravures 3. — Nègre à cheval, bistre rehaussé de couleur. Croquis d'un évêque mort. 9 p.

230 VERNET (D'ap. J.). Paysages ronds, tempête et gouache, grand dessin d'après Loutherbourg. 5 p.

231 Album contenant 54 dessins anciens et modernes, gouaches et autres, collés et non collés.

232 **École allemande**. Aldegraver, Durer, Hertz. 3 dessins.

233 **École flamande**. Breughel, Heil, Hoeck. 3 dessins.

234 — Bloemaert, Van Mander, aquarelle, d'après Rubens, dessins à la plume sur vélin et autres. 17 p.

235 **École hollandaise**. Blyhoff, tête de Kneller, paysages, par Hulswit, Ruysdaël, chevaux de Wouvermans, etc., etc. 18 p.

236 **École française**. Mort de Socrate, par Berthelemy de Laon, statues par Meynier, paysage par Taunay et autres. 7 p.

237 — J.-B. Corneille, Géricault, Lagrené, Lalemant, Natoire, et autres genre Watteau, etc. 34 p.

238 **École italienne**, d'ap. Michel-Ange, Raphaël et autres maîtres, sanguine et autres. 28 p.

239 Sujets divers, croquis, crayon, etc. 68 p.

240 Paysages au bistre et autres. 20 p.

241 Albums de papier pour mettre des estampes. 3. Portefeuilles. 4 assez grands.

Renou et Maulde, imprimeurs de la Compagnie des Commissaires-Priseurs, rue de Rivoli, 144. 30054

[illegible]

[illegible] 3.

[illegible] 5
[illegible]

30 Etranger 2 50

112 france 4 50

48 Paris France 1 95

52 Paris 2 10

328 [illegible] 12

le [illegible] chemises 5

[illegible]

transport al hotel 2 50

30.35

[illegible] Cartal 77

[illegible] 18

www.ingramcontent.com/pod-product-compliance
Ingram Content Group UK Ltd.
Pitfield, Milton Keynes, MK11 3LW, UK
UKHW032011260826
14628UKWH00005B/2421

9 782329 542690